essentials

Essentials liefern aktuelles Wissen in konzentrierter Form. Die Essenz dessen, worauf es als „State-of-the-Art" in der gegenwärtigen Fachdiskussion oder in der Praxis ankommt. Essentials informieren schnell, unkompliziert und verständlich – als Einführung in ein aktuelles Thema aus Ihrem Fachgebiet – als Einstieg in ein für Sie noch unbekanntes Themenfeld - als Einblick, um zum Thema mitreden zu können Die Bücher in elektronischer und gedruckter Form bringen das Expertenwissen von Springer-Fachautoren kompakt zur Darstellung. Sie sind besonders für die Nutzung als eBook auf Tablet-PCs, eBook-Readern und Smartphones geeignet. Essentials: Wissensbausteine aus den Wirtschafts, Sozial- und Geisteswissenschaften, aus Technik und Naturwissenschaften sowie aus Medizin, Psychologie und Gesundheitsberufen. Von renommierten Autoren aller Springer-Verlagsmarken.

Dirk Lippold

Einführung in die Marketing-Gleichung

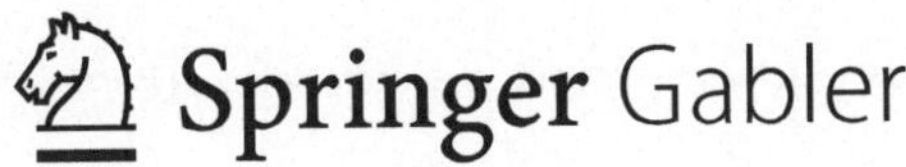 Springer Gabler

Prof. Dr. Dirk Lippold
Berlin
Deutschland

ISBN 978-3-658-09869-8   ISBN 978-3-658-09870-4 (eBook)
DOI 10.1007/978-3-658-09870-4

Die Deutsche Nationalbibliothek verzeichnet diese Publikation in der Deutschen Nationalbibliografie; detaillierte bibliografische Daten sind im Internet über http://dnb.d-nb.de abrufbar.

Springer Gabler
© Springer Fachmedien Wiesbaden 2015

Gedruckt auf säurefreiem und chlorfrei gebleichtem Papier

Springer Fachmedien Wiesbaden ist Teil der Fachverlagsgruppe Springer Science+Business Media (www.springer.com)

Vorwort

Nahezu jeder Marketer ist in seinem Berufsleben mindestens einmal dazu aufgefordert worden, für sein Unternehmen oder seinen Geschäftsbereich ein Marketing-Konzept oder – etwas anspruchsvoller – eine Marketing-Strategie zu entwerfen. Solch ein „Entwurf" lässt sich deutlich leichter angehen, wenn man über einen vernünftigen Handlungsrahmen – also eine Gliederung – verfügt, der den geforderten Marketing-Prozess schrittweise aufführt, in seine wichtigsten Teilprozesse (Prozessphasen) zerlegt und zugleich die Voraussetzung für eine Optimierung der Zielvariablen schafft.

Die vorliegenden Ausführungen, die zu einem Großteil der 2. Auflage meines Buches „Die Marketing-Gleichung. Einführung in das prozess- und wertorientierte Marketingmanagement" sowie meinem Buch „Die Unternehmensberatung. Von der strategischen Konzeption zur praktischen Umsetzung" entnommen sind, verfolgen das Ziel, die Struktur und den Handlungsrahmen für den Entwurf einer schlagkräftigen Marketing-Konzeption aufzuzeigen. Neben der Prozessorientierung zeigt die Marketing-Gleichung unter dem Aspekt der Wertorientierung für jedes Aktionsfeld im Marketing auch die entscheidenden Aktionsparameter und Werttreiber auf.

Zur Unterstützung des Leseflusses wurde auf die Verwendung von Fußnoten verzichtet. Eine ausführliche Auflistung der verwendeten und weiterführenden Literatur ist im Anhang enthalten.

Berlin
März 2015

Prof. Dr. Dirk Lippold

Inhaltsverzeichnis

Sachlich-systematische Grundlegung

Die Idee der Marketing-Gleichung beruht auf zwei Grundüberlegungen. Zum einen ist es die Darstellung und Analyse der Wertschöpfungs- und Prozessketten eines Unternehmens, zum anderen ist es die Erkenntnis, dass nur der vom Markt honorierte Wettbewerbsvorteil maßgebend für den nachhaltigen Gewinn eines Unternehmens ist.

1.1 Marketing als Wertschöpfungskette

Die Wertschöpfungskette (Wertkette) eines Unternehmens umfasst die Wertschöpfungsaktivitäten in der Reihenfolge ihrer operativen Durchführung. Diese Tätigkeiten schaffen Werte, verbrauchen Ressourcen und sind in Prozessen miteinander verbunden. Die in Abb. 1.1 gezeigte Darstellung der Wertschöpfungskette geht auf Michael E. Porter (1986) zurück und unterscheidet *Primär*aktivitäten und *Sekundär*aktivitäten:

- **Primäraktivitäten** *(Kern- oder Hauptprozesse)* sind Eingangslogistik, Produktion, Ausgangslogistik, Marketing und Vertrieb sowie Kundendienst.
- **Sekundäraktivitäten** *(Unterstützungsprozesse)* stellen Beschaffung, Forschung und Entwicklung, Personalmanagement und Infrastruktur dar.

© Springer Fachmedien Wiesbaden 2015
D. Lippold, *Einführung in die Marketing-Gleichung*, essentials,
DOI 10.1007/978-3-658-09870-4_1

Abb. 1.1 Wertschöpfungskette für Industriebetriebe nach Porter

Aus der Kostenstruktur und aus dem Differenzierungspotenzial aller Wertaktivitäten lassen sich bestehende und potenzielle Wettbewerbsvorteile eines Unternehmens ermitteln. Durch die „Zerlegung" eines Unternehmens in seine einzelnen Wertschöpfungsaktivitäten kann jeder Prozess auf ihren aktuellen und ihren potenziellen Beitrag zur Wettbewerbsfähigkeit des Unternehmens hin durchleuchtet werden (vgl. Porter 1986, S. 19).

Die Aufgaben von **Marketing und Vertrieb** zählen nach dem Grundmodell von Porter zu den Primäraktivitäten und damit zu den Kernprozessen eines Unternehmens. Weil nach unserem Verständnis auch der **Kundendienst** und zum Teil sicherlich auch die **Marketing-Logistik** („Versand") zur Marketing-Prozesskette gehören, werden Porters fünf Kernkompetenzen eindeutig von den Marketingaktivitäten dominiert. Die Primäraktivitäten lassen sich ebenso wie die Prozesse der Sekundäraktivitäten weiter unterteilen in Prozessphasen, Prozessschritte etc. Auf diese Weise können Prozesse auf unterschiedlichen Ebenen in verschiedenen Detaillierungsgraden betrachtet werden (siehe Abb. 1.2).

1.2 Elemente und Aufbau der Marketing-Gleichung

Zentrale Idee des Marketings ist es, die Vorteile des eigenen Unternehmens auf die Bedürfnisse vorhandener und potenzieller Kunden auszurichten. Die Bestimmungsfaktoren dieser Vorteile sind das Produkt- und Leistungsportfolio, die besonderen Fähigkeiten, das Know-how und die Innovationskraft, kurzum, die **Differenzierungsvorteile** und damit das Akquisitionspotenzial des Unternehmens. Bereits Wroe Alderson, einer der herausragenden Marketing-Theoretiker

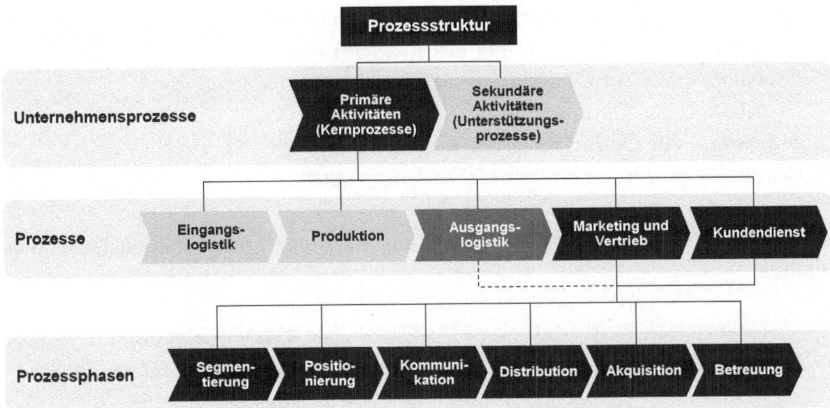

Abb. 1.2 Prozesshierarchie der Marketing-Wertschöpfungskette

des 20. Jahrhunderts, nimmt in seinem umfassenden Entwurf zu einer generellen Marketing-Theorie die zentrale Idee der erst Jahrzehnte später voll entfachten Diskussion um die Erzielung von Wettbewerbsvorteilen vorweg: *„Der Ansatz der Differenzierungsvorteile, …, geht davon aus, dass niemand in einen Markt eintritt, wenn er nicht die Erwartung hat, einen gewissen Vorteil für seine Kunden bieten zu können und dass Wettbewerb in dem dauernden Bemühen um die Entwicklung, Erhaltung und Vergrößerung solcher Vorteile besteht."* (Alderson 1957, S. 106 zit. nach Kuß 2013, S. 233).

Der Differenzierungsvorteil ist der Vorteil, den das Unternehmen gegenüber den Wettbewerbern hat. Dieser **Wettbewerbsvorteil** (an sich) ist aber letztlich ohne Bedeutung. Entscheidend ist vielmehr, dass der Wettbewerbsvorteil auch von den Kunden wahrgenommen und honoriert wird. Erst die Akzeptanz im Markt sichert den nachhaltigen Gewinn. Genau diese Lücke zwischen dem Wettbewerbsvorteil *an sich* und dem vom Markt *honorierten* Wettbewerbsvorteil gilt es zu schließen. Damit sind gleichzeitig auch die beiden Pole aufgezeigt, zwischen denen die Marketing-Wertschöpfungskette einzuordnen ist. Eine Optimierung des Marketingprozesses führt somit zwangsläufig zur Schließung der Lücke (vgl. Lippold 2010, S. 3f.).

Voraussetzung für die angestrebte Optimierung ist, dass der Marketingprozess in seine Aktionsfelder *Segmentierung, Positionierung, Kommunikation, Distribution, Akquisition* und *Betreuung* zerlegt wird und diese jeweils einem zu optimierendem **Kundenkriterium** *(„Variable")* zugeordnet werden:

- *Segmentierung* zur Optimierung des *Kundennutzens*
- *Positionierung* zur Optimierung des *Kundenvorteils*
- *Kommunikation* zur Optimierung der *Kundenwahrnehmung*
- *Distribution* zur Optimierung der *Kundennähe*
- *Akquisition* zur Optimierung der *Kundenakzeptanz*
- *Betreuung* zur Optimierung der *Kundenzufriedenheit*

Entsprechend lässt sich folgende Gleichung im Sinne einer Identitätsbeziehung ableiten:

$$\textit{Honorierter Wettbewerbsvorteil} = \textit{fachlicher Wettbewerbsvorteil} +$$
$$\textit{Kundennutzen} + \textit{Kunden-vorteil} + \textit{Kundenwahrnehmung} + \textit{Kundennähe} +$$
$$\textit{Kundenakzeptanz} + \textit{Kundenzufriedenheit}$$

Die Marketing-Gleichung beschreibt eine Zielfunktion für den Vermarktungsprozess, den es im Hinblick auf die an einzelne Kundenkriterien („Variable") ausgerichteten Marketing-Aktionsfelder zu optimieren gilt. Dabei geht es nicht um eine mathematisch-deterministische Auslegung des Begriffs „Gleichung". Angestrebt wird vielmehr der Gedanke eines herzustellenden *Gleichgewichts* (und *Identität*) zwischen dem Wettbewerbsvorteil *an sich* und dem vom Kunden *honorierten* Wettbewerbsvorteil. Mit anderen Worten, hinter dieser Begriffsbildung steht die These, dass das Gleichgewicht durch die Addition der einzelnen, an Kundenkriterien ausgerichteten Aktionsfelder erreicht werden kann (vgl. Lippold 1998, S. 9f.). Zur Veranschaulichung dieser Gleichgewichtsbeziehung dient die in Abb. 1.3 vorgenommene Darstellung in Form einer Waage.

Dabei wird von folgender Überlegung ausgegangen: Die Entwicklungsabteilung erstellt ein Produkt, von dem sie überzeugt ist, dass es über fachliche und/oder technische Wettbewerbsvorteile verfügt (sonst hätte sie es ja nicht entwickelt!). Entscheidend ist aber, dass dieser Wettbewerbsvorteil auch vom Markt wahrgenommen und honoriert wird. Erst die Akzeptanz im Markt bzw. bei den Kunden sichert den nachhaltigen Gewinn.

Abbildung 1.4 veranschaulicht den ganzheitlichen Ansatz der Marketing-Gleichung, indem sie die einzelnen Aktionsfelder in einen zeitlichen und inhaltlichen Wirkungszusammenhang stellt. In dieser Abbildung wird auch deutlich, dass die einzelnen Aktionsfelder zugleich die Hauptprozessphasen der Vermarktung darstellen.

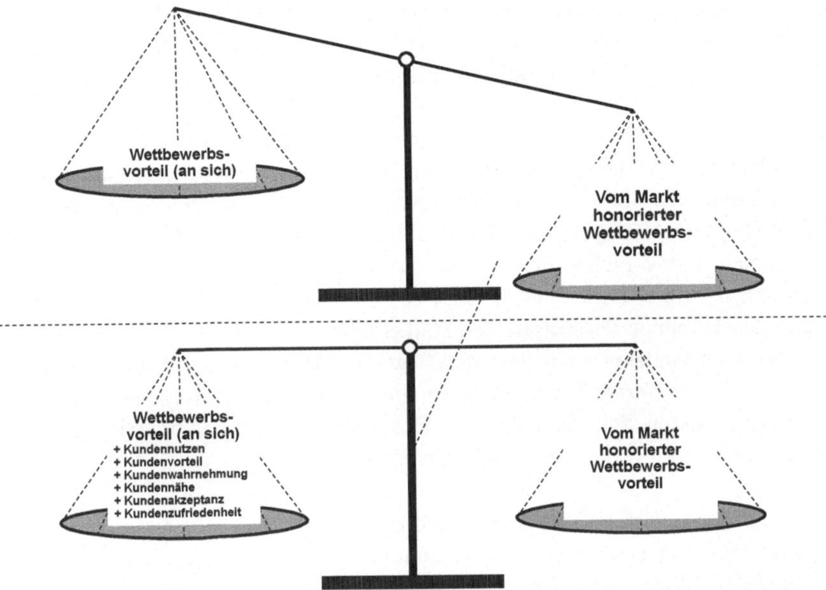

Abb. 1.3 Die Marketing-„Waage"

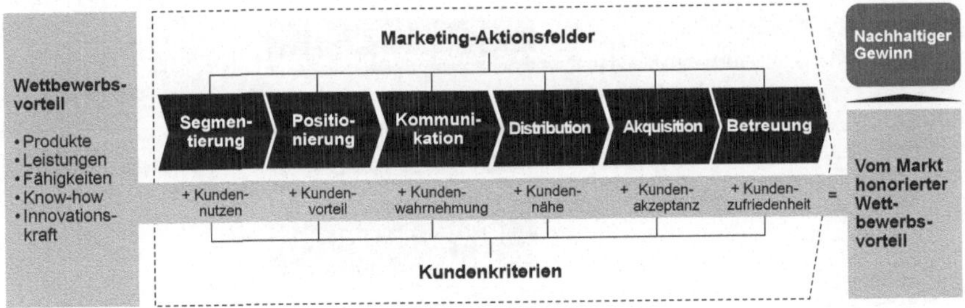

Abb. 1.4 Die Marketing-Gleichung im Überblick

1.3 Einordnung in die marktorientierte Unternehmensplanung

Jedes Unternehmen steht vor der Herausforderung, in den sich schnell wandeln-
den Märkten eine erfolgversprechende Marktposition einzunehmen. Insbesondere
wenn Bedrohungen aus dem Umfeld rechtzeitig erkannt werden müssen und

neue Chancen gesucht werden sollen, ist ein geplantes und aktiv betriebenes Marketing einer reaktiven Anpassung an Marktveränderungen überlegen. Unter dem Aspekt der *aktiven Marktbeeinflussung* wird deutlich, dass die Marketing-Konzeption über die Definition des wichtigen Außenkurses des Unternehmens zwangsläufig den *generellen* Unternehmenskurs bestimmt. Insofern verstehen wir in Anlehnung an Becker die Marketing-Konzeption als einen grundlegenden, marktorientierten *„Leitplan des gesamten Unternehmens"*, der sich an bestimmten Richtgrößen (Zielen) orientiert und einen umfassenden Handlungsrahmen (Strategien und Vorgehensmodell) für die notwendigen Durchführungsmaßnahmen (Mix) vorgibt (vgl. Becker 1993, S. 3f.). Der *(Marketing-) Mix* beschreibt dabei den kombinierten Einsatz der Marketinginstrumente.

Damit ist zugleich auch die Grundlage für einen generellen *Bezugsrahmen einer marktorientierten Unternehmensplanung* gelegt. Die Abfolge des Planungsprozesses, dessen Schritte auf diese Konsistenz hinwirken, orientiert sich an folgenden Phasen (siehe auch Bidlingmaier 1973, S. 16ff.):

- *Situationsanalyse* (Wo steht das Unternehmen?)
- *Zielsetzung* (Wo will das Unternehmen hin?)
- *Strategie* (Wie kommt das Unternehmen dahin?)
- *Mix* (Welche Maßnahmen müssen dazu ergriffen werden?)

Abb. 1.5 Bezugsrahmen für die marktorientierte Unternehmensplanung

Zum einen orientiert sich dieser Bezugsrahmen an der Abfolge des Planungsprozesses, zum anderen sind die Aktionsfelder der Marketing-Gleichung an zentraler Stelle in den Planungsprozess – wie in Abb. 1.5 gezeigt – eingebunden (zur Darstellung siehe auch Tüschen 1989, S. 222).

Als marktorientierter Handlungsrahmen gibt die Marketing-Gleichung mit ihren Aktionsfeldern die Struktur für den *Vermarktungsprozess* vor. Gleichzeitig sind in der Marketing-Gleichung bereits Maßnahmen und Vorschläge für die konkrete Ausgestaltung der Marketingstrategie enthalten.

Die Anwendung der Marketing-Gleichung führt im ersten Schritt zur Segmentierungs-, Positionierungs-, Signalisierungs-, Distributions-, Akquisitions- und Betreuungs*strategie*. Im zweiten Schritt (der Umsetzung und Optimierung) legt sie die laufenden Maßnahmen innerhalb der jeweils gewählten Strategie fest.

Als Instrument zur Ausgestaltung aller marktorientierten Strategien gibt sie zugleich den Handlungsrahmen für die Aktionen auf der Durchführungsebene im Funktionsbereich *Marketing/Vertrieb* vor. Insofern ist die Marketing-Gleichung auf der einen Seite *Ersatz* und auf der anderen Seite – aufgrund ihrer vorgehensbezogenen Struktur – eine sinnvolle *Ergänzung* zu der *Schichtenstruktur* (Ziele, Strategien, Mix) für Marketing-Konzeptionen (vgl. Becker 1993, S. 4ff.).

In Abb. 1.6 ist diese Einordnung dargestellt.

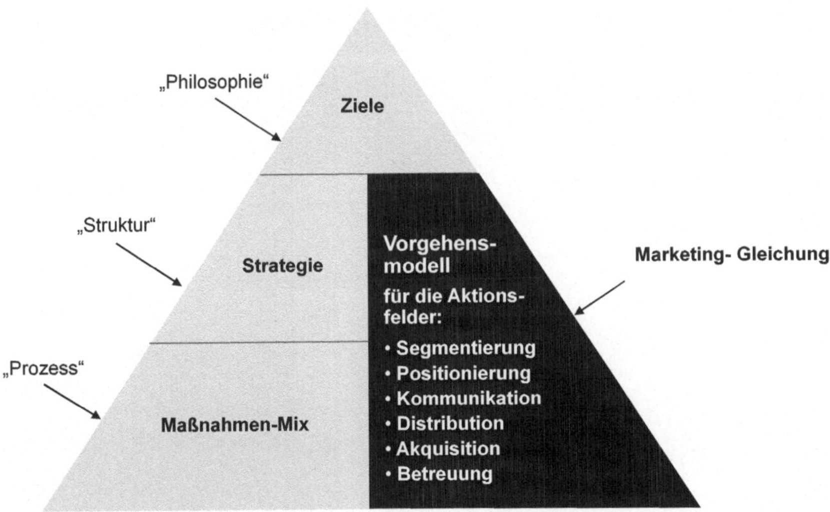

Abb. 1.6 Einordnung der Marketing-Gleichung in das Schichtenmodell der Marketing-Konzeption

Aktionsfelder der Marketing-Gleichung 2

Insgesamt sind es sechs Aktionsfelder, die die Marketing-Gleichung in einen zeitlichen und inhaltlichen Wirkungszusammenhang stellt: Segmentierung, Positionierung, Kommunikation, Distribution, Akquisition und Betreuung.

2.1 Segmentierung

Der Markt ist keine homogene Einheit. Er besteht aus einer Vielzahl von Käufern, die sich in ihren Wünschen, Einstellungen, Kaufmotiven und Verhaltensweisen z. T. deutlich voneinander unterscheiden. Unterteilt man die Menge der potenziellen Kunden derart, dass sie in mindestens einem relevanten Merkmal übereinstimmen, so erhält man Kundengruppen, die als Teilmärkte bzw. Segmente bezeichnet werden. Eine solche Segmentierung ist immer dann anzustreben, wenn die Marktsegmente einzeln effektiver und effizienter bedient werden können als der Gesamtmarkt (vgl. Kotler et al. 2007, S. 357).

Im Rahmen des Vermarktungsprozesses ist die **Segmentierung**, d. h. die Auswahl attraktiver Marktsegmente für die Geschäftsfeldplanung der Unternehmen, das *erste* wichtige *Aktionsfeld*. Von besonderer Bedeutung ist dabei das Verständnis für eine *kundenorientierte Durchführung* der Segmentierung, denn der Vermarktungsprozess sollte grundsätzlich aus Sicht der Kunden beginnen. Daher steht die *Kundenanalyse*, die sich mit den Zielen, Problemen und Nutzenvorstellungen der potenziellen Kunden befasst, im Vordergrund der Segmentierung. Die hiermit angesprochene Rasterung der Kundengruppen erhöht die Transparenz des

© Springer Fachmedien Wiesbaden 2015
D. Lippold, *Einführung in die Marketing-Gleichung*, essentials,
DOI 10.1007/978-3-658-09870-4_2

Marktes, lässt Marketing-Chancen erkennen und bietet die Möglichkeit, Produkt- und Leistungsmerkmale feiner zu differenzieren (vgl. Kotler 1977, S. 165).

An jedes Segment ist somit die Forderung zu stellen, dass es in sich betrachtet möglichst gleichartig (homogen) und im Vergleich zu anderen Segmenten möglichst ungleichartig (heterogen) ist. Dementsprechend sollte ein hohes Maß an Identität zwischen einer bestimmten Art und Anzahl von Käufern (Zielgruppe) einerseits und dem angebotenen Produkt einschließlich seines Vermarktungskonzeptes andererseits erzielt werden (vgl. Becker 2009, S. 248).

Aufgabe der Segmentierung ist es, alle relevanten Zielgruppen und deren Nutzenvorstellung über die angebotenen Produkte und Leistungen zu bestimmen. Die Segmentierung hat demnach die Optimierung des Kundennutzens zum Ziel:

$$Kundennutzen = f(Segmentierung) \rightarrow optimieren!$$

Durch die Marktsegmentierung soll die heterogene Struktur der Käufer aufgelöst werden, d. h. der Markt eines Unternehmens ist in homogene Käufergruppen zu zerlegen, um ihn entsprechend bearbeiten zu können (vgl. Strothmann und Kliche 1989, S. 67). Bei der Segmentierung handelt es sich um einen kreativen Akt, der letztlich Zielgruppen mit möglichst homogenem Bedarf und einheitlichem Kaufverhalten identifizieren soll. Eine wesentliche Hilfestellung leisten hierbei die vielfältigen Methoden der *Marktforschung.*

Das Grundprinzip der Marktsegmentierung lässt sich sehr gut am **Markt für Zahnpasta** zeigen: Der Zahnpasta-Markt bot den Käufern vor einigen Jahrzehnten nur relativ wenige verschiedene Produkte. Heute gibt es Zahnpasta für Kinder, für Raucher, für Menschen, die weiße Zähne haben wollen, für Menschen mit empfindlichen Zähnen, für gesundheits- oder umweltbewusste Menschen und so weiter. Ausgehend von den unterschiedlichen Bedürfnissen der Verbraucher wurde der Gesamtmarkt für Zahnpasta also von den Anbietern in verschiedene Teilmärkte zerlegt, d. h. heute ist er längst ein stark segmentierter Markt geworden.

Vom Aufgabenablauf bzw. Prozess her betrachtet, lässt sich die Marktsegmentierung in die *Marktsegmenterfassung* (Informationsseite) und in die *Marktsegmentbearbeitung* (Aktionsseite) einteilen. Auf der Informationsseite stehen das Kaufverhalten der Konsumenten bzw. Unternehmen und dessen Analyse über die **Marktforschung** im Vordergrund. Die Aktionsseite ist geprägt von der Segmentauswahl sowie der segmentspezifischen Bearbeitung, die jedoch den anderen Aktionsfeldern des Vermarktungsprozesses vorbehalten ist (siehe Abb. 2.1).

Die Marktsegmentierung soll sicherstellen, dass jedes Produkt, jeder Preis, jede Werbe-maßnahme etc. speziell auf die Bedürfnisse bzw. Nutzenvorstellungen des Empfängers abgestimmt werden, denn „*Marketing for everybody is marketing for nobody*".

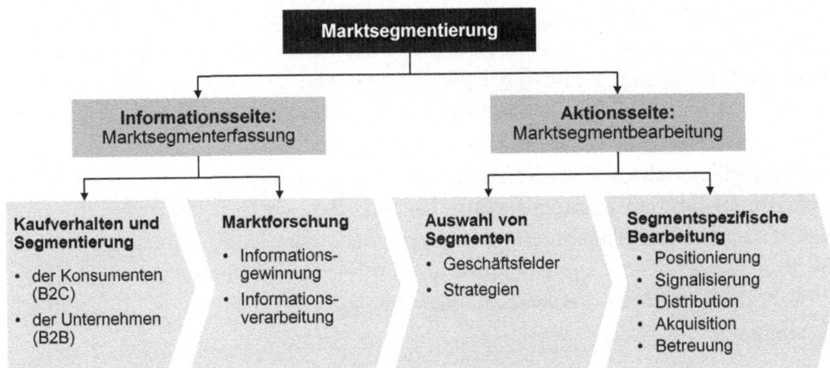

Abb. 2.1 Aufgabenspektrum der Marktsegmentierung

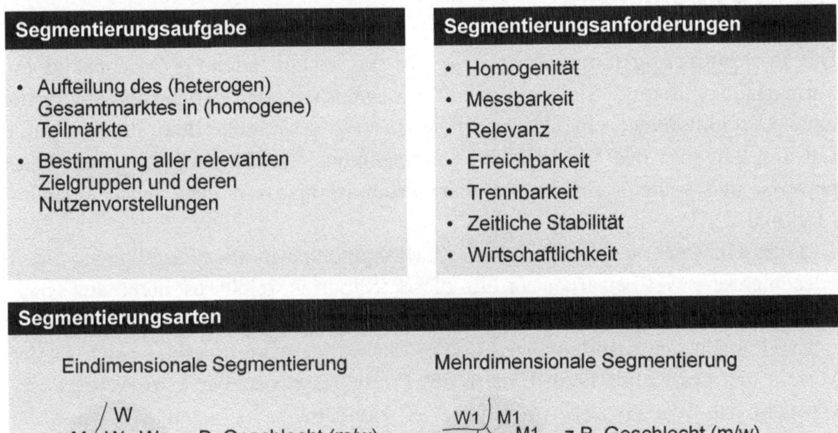

Abb. 2.2 Segmentierungsarten

Das Grundmodell der Segmentierung unterscheidet zwei **Segmentierungs-arbeiten** :

• die eindimensionale Segmentierung und
• die mehrdimensionale Segmentierung.

Wird nur ein Segmentierungsmerkmal (z. B. das Geschlecht im B2C-Bereich) als kaufrelevant erachtet, so handelt es sich um eine **eindimensionale Segmentierung**. Im B2B-Marketing ist es beispielsweise die Unternehmensgröße, die häufig als einziges Merkmal für eine Segmentierung herangezogen wird.

Werden zwei oder mehrere Segmentierungsmerkmale (z. B. das Geschlecht und zusätzlich das Alter der Konsumenten) berücksichtigt, spricht man von einer **mehrdimensionalen Segmentierung**. Im B2B-Bereich liegt beispielsweise eine mehrdimensionale Segmentierung vor, wenn neben der Unternehmensgröße auch die Branche der Kundenunternehmen als kaufrelevant erachtet wird.

Abbildung 2.2 fasst die verschiedenen Arten der Segmentierung im Überblick zusammen.

2.2 Positionierung

Die **Positionierung** (engl. *Positioning*) ist das zweite wichtige Aktionsfeld im Vermarktungsprozess. Sie zielt darauf ab, innerhalb der definierten Segmente bzw. Geschäftsfelder eine klare *Differenzierung* gegenüber dem Produkt- und Leistungsangebot des Wettbewerbs vorzunehmen. Die Einbeziehung des Wettbewerbs und seiner Stärken und Schwächen ist also ein ganz entscheidendes Merkmal der Positionierung.

Jedes Unternehmen tritt in seinen Marktsegmenten in aller Regel gegen einen oder mehrere Wettbewerber an. In dieser Situation reicht es nicht aus, *ausschließlich* nutzenorientiert zu argumentieren. Neben den reinen **Kunden*nutzen*** muss vielmehr der **Kunden*vorteil*** treten. Der Kundenvorteil definiert sich als der Vorteil, den der Kunde beim Erwerb des Produktes gegenüber dem Wettbewerbsprodukt hat. Wer überlegenen Nutzen (= Kundenvorteil) bieten will, muss die Bedürfnisse, Probleme, Ziele und Nutzenvorstellungen des Kunden sowie die Vor- und Nachteile bzw. Stärken und Schwächen seines Produktangebotes gegenüber denen des Wettbewerbs kennen. Die Positionierung zielt also auf die Optimierung des Kundenvorteils:

$$Kundenvorteil = f(Positionierung) \rightarrow optimieren!$$

Die wesentlichen Fragen in diesem Zusammenhang sind:

- Wie differenziert sich das eigene Angebot von dem des Wettbewerbs?
- Welches sind die wichtigsten *Alleinstellungsmerkmale*?

Bei der Beantwortung geht es allerdings nicht so sehr um die Herausarbeitung von Wettbewerbsvorteilen an sich. Entscheidend sind vielmehr jene Produkt- und Leistungsvorteile, die für den Kunden interessant sind und einen besonderen Wert für ihn haben. Ein Unternehmen kann diesen Wert, dieses *„Mehr an Nutzen bieten, indem es besser, neuer, schneller oder preisgünstiger ist"* (Kotler et al. 2007, S. 400).

Produktvorteile müssen also ein Bedürfnis bzw. ein Problem der Zielgruppe befriedigen bzw. lösen. Produktvorteile, die diesen Punkt nicht treffen, sind von untergeordneter Bedeutung. Unternehmen, die es verstehen, sich im Sinne des Kundenproblems positiv vom Wettbewerb abzuheben, haben letztendlich die größeren Chancen beim Produktverkauf.

Positionierung ist also die Schaffung einer klaren Differenzierung aus Kundensicht. *Inhaltlich* besteht die Positionierung in der Reduktion auf die wichtigsten Ausprägungen des Kundenvorteils. Das führt zu einer Konzentration auf jene Problemlösungsmerkmale, die aus Kundensicht eine klare Differenzierung gegenüber dem Wettbewerb bewirken.

Grundsätzlich gibt es zwei Möglichkeiten, die Stärken von Unternehmen in Kundenvorteile umzusetzen: Entweder mit dem **Produktvorteil** oder mit dem **Kosten- bzw. Preisvorteil**. Die Positionierung von Produktvorteilen ist häufig sehr viel schwieriger als die von Preisvorteilen, da der Preis- oder Kostenvorteil ceteris paribus objektivierend wirkt. Das Kriterium der produktbezogenen Differenzierung kann daher nur der *Alleinstellungsanspruch* sein, denn die Einzigartigkeit wird im Wettbewerbsvergleich ebenfalls objektivierend beurteilt. Prinzipiell bietet jeder Produktparameter Chancen, Kundenvorteile zu erzielen. Entscheidend für die Durchsetzung von Kundenvorteilen ist, dass sich der Kommunikationsinhalt auf Einzigartigkeit, Verteidigungsfähigkeit und auf jene Produkteigenschaften konzentrieren sollte, die der Kunde besonders hoch gewichtet (vgl. Große-Oetringhaus 1986, S. 3 und 41).

Am Anfang steht also immer ein Produkt (oder eine Dienstleistung, ein Unternehmen, eine Person, eine Idee). Die Positionierung steht allerdings – genau genommen – nicht für dieses Produkt, sondern für das, was bei den Kunden und Interessenten im Kopf entsteht. Produkte werden also im Denken der Verbraucher positioniert, damit diese sich leichter tun, Produkte zu klassifizieren.

Ein Unternehmen sollte ein Marktsegment letztlich nur dann als attraktiv für sich einschätzen, wenn es sich aufgrund seiner eigenen Leistungspotenziale einen oder mehrere Wettbewerbsvorteil(e) verspricht. Hierzu ist es im Rahmen der Positionierung erforderlich, sich ein genaues Bild über die *Erfolgs- oder Schlüsselfaktoren* – bezogen auf die Anforderungen der jeweiligen Marktsegmente – zu verschaffen. Solche Erfolgsfaktoren wirken stark *differenzierend* und zeigen Potenziale auf, um sich vom Wettbewerb innerhalb der Segmente abheben zu können. Spekulationen bei der Ermittlung der gegenwärtigen Position sollten dabei möglichst ausgeräumt werden. Hier kann der Einsatz qualitativer und quantitativer Marktforschungsmethoden (strukturierte Analysen der eigenen Stärken und Schwächen sowie der Wettbewerber, Marktveränderungen und Differenzierungsmerkmale etc.) hilfreiche Dienste leisten. Besonders wichtig ist dabei nicht nur die eigene „Nabelschau", sondern eben auch die Analyse der Stärken und Schwächen des Wettbewerbs. Um die Wahrnehmung der Marktposition des Unternehmens und der wichtigsten Wettbewerber festzustellen, müssen Kunden, Meinungsbildner, Konsumenten etc. verschiedene, für die Positionierung relevante Leistungsfaktoren bewerten. Bei diesen Erhebungen steht die subjektive Wahrnehmung der Befragten im Vordergrund.

Eine der Hauptaufgaben für das Marketing besteht demnach darin, diese **Alleinstellungsmerkmale** (engl. *Unique Selling Proposition – USP*) ausfindig zu machen, gegenüber dem Markt zu kommunizieren und damit *Präferenzen* zu bilden. Die Differenzierungsmöglichkeiten können je nach Branche sehr unterschiedlich sein. In einigen Branchen können solche Kundenvorteile relativ leicht gewonnen werden, in anderen ist dies nur sehr schwer möglich. Dennoch gelingt es erfahrenen Marketingunternehmen immer wieder, für ihre Produkte – seien sie noch so homogen – Differenzierungen herauszuarbeiten (vgl. Kotler et al. 2007, S. 400 und 407).

Häufig besteht der Bedarf, die so gewonnene Positionierung auch zu lokalisieren. Dazu werden die verschiedenen miteinander im Wettbewerb stehenden Produkte in einem sog. *Eigenschafts- oder Merkmalsraum* angeordnet. Aus Vereinfachungs- bzw. Darstellungsgründen wird zumeist ein zweidimensionales **Positionierungsmodell** verwendet. Maßgebend für ein solches Positionierungsmodell sind die wahrgenommenen bzw. erlebten Produktmerkmale, die von den Kunden unterschiedlich zugeordnet werden. Dem Marketing obliegt dabei die Aufgabe, die kaufbestimmenden Eigenschaften zu identifizieren und als Positionierungskreuz darzustellen. Hierzu werden zunächst diejenigen Produkteigenschaften ermittelt, die die Kunden als relevant für die Auswahl von Produkten auf einzelnen Märkten wahrnehmen. Dann werden im nächsten Schritt die Wettbewerbsprodukte in den Merkmalsraum so eingezeichnet, wie die Kunden sie subjektiv bewerten.

Zur besseren Illustration sind zwei Beispiele in Abb. 2.3 dargestellt. Der erste Untersuchungsgegenstand sind Anbieter von Automobilen, die in einem von den Dimensionen *Durchschnittspreis* und *Produktprogrammbreite* gebildeten Merkmalsraum als so genannte *strategische Gruppen* positioniert sind. Die zweite Positionierung befasst sich mit der Uhrenindustrie. Hier wird der Merkmalsraum aus den Dimensionen *Preissegment* und *Produktionstiefe* gebildet.

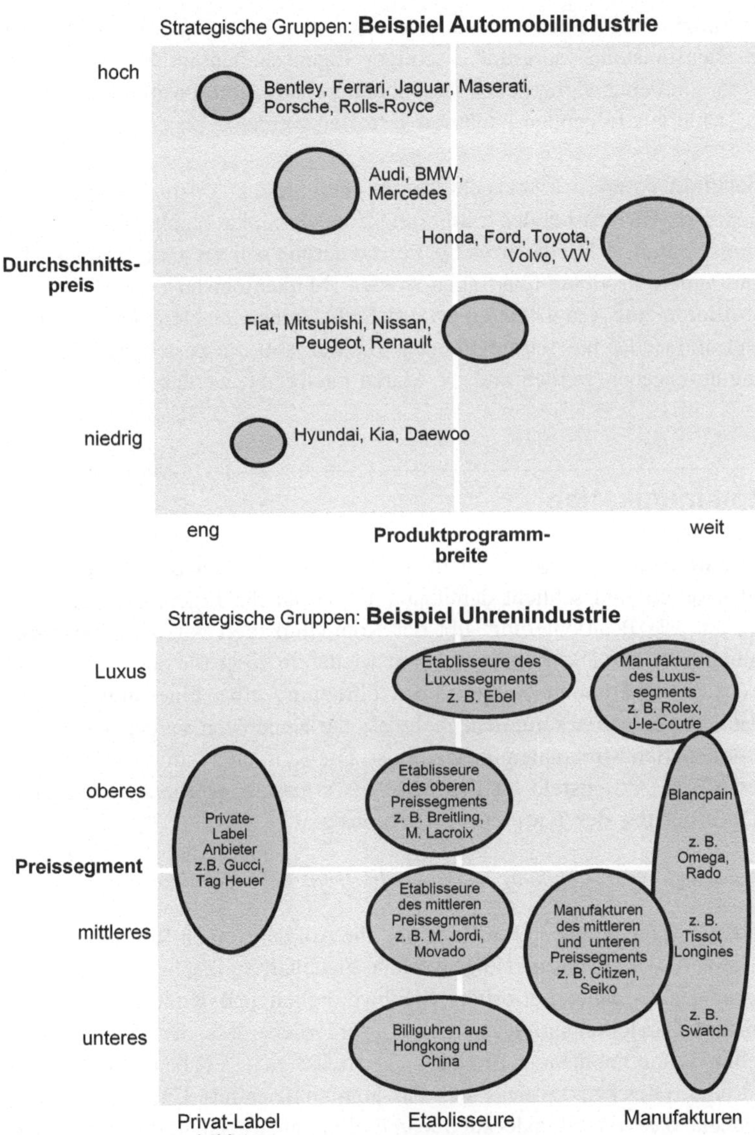

Abb. 2.3 Strategische Gruppen in der Uhren- und Automobilindustrie

Die Positionierung bildet also ab, wie das Unternehmen (oder das Produkt oder die Dienstleistung) aufgrund wichtiger Eigenschaften im Vergleich zum Wettbewerb von den Zielgruppen wahrgenommen wird. Eine Positionierungsentscheidung kann aus folgenden **Anlässen** getroffen werden:

- **Neupositionierung**, d. h. es geht darum, ein Produkt erstmalig gezielt zu positionieren. Dies ist bei der Einführung neuer Produkte regelmäßig der Fall.
- **Positionsausbau**, d. h. eine erreichte Positionierung soll verstärkt werden oder ggf. auf andere Produkte übertragen werden (Markentransfer).
- **Umpositionierung** (engl. *Relaunch*), d. h. bei einer abnehmenden Wettbewerbsposition oder bei schrumpfenden Märkten soll die bestehende Positionierung aufgegeben werden und die Marke modifiziert werden.

2.3 Kommunikation

Kommunikation im Marketing besteht in der systematischen Bewusstmachung des Kundenvorteils und schließt damit unmittelbar an die Ergebnisse der Positionierung an. Die Positionierung gibt der Kommunikation vor, *was* im Markt zu kommunizieren ist. Die Kommunikation wiederum sorgt für die Umsetzung, d. h. *wie* das *Was* zu kommunizieren ist. Sie führt zum Aufbau eines umfassenden Meinungsbildungsprozesses mit dem Ziel, dass der Kunde von seinem Vorteil bei den kommunizierten Merkmalen überzeugt ist. Die Kommunikation ist damit das dritte wesentliche Aktionsfeld im Rahmen des Vermarktungsprozesses und zielt auf die **Optimierung der Kundenwahrnehmung** ab:

$$Kundenwahrnehmung = f(Signalisierung) \rightarrow optimieren!$$

Kommunikationssignale haben im Marketing die Aufgabe, einen Ruf aufzubauen und innovative Produkt- und Leistungsvorteile glaubhaft zu machen. Unverzichtbare Elemente sind daher Seriosität, Glaubwürdigkeit und Kompetenz in den Aussagen und Darstellungen. Dazu ist es erforderlich, dass die Signale mehrere Quellen (Unternehmens-, Produkt-, Vertriebssignale) haben und in sich konsistent sind. Gleichzeitig muss sich das kommunizierende Unternehmen bewusst machen, dass die Signale auf mehrere Empfänger mit unterschiedlichen Voraussetzungen und Zielen stoßen (vgl. Lippold 1998, S. 166).

In diesem Kontext sei angemerkt, dass für die Bezeichnung des *äußeren* Kommunikationsprozesses eines Unternehmens der Begriff **Signalisierung** (statt

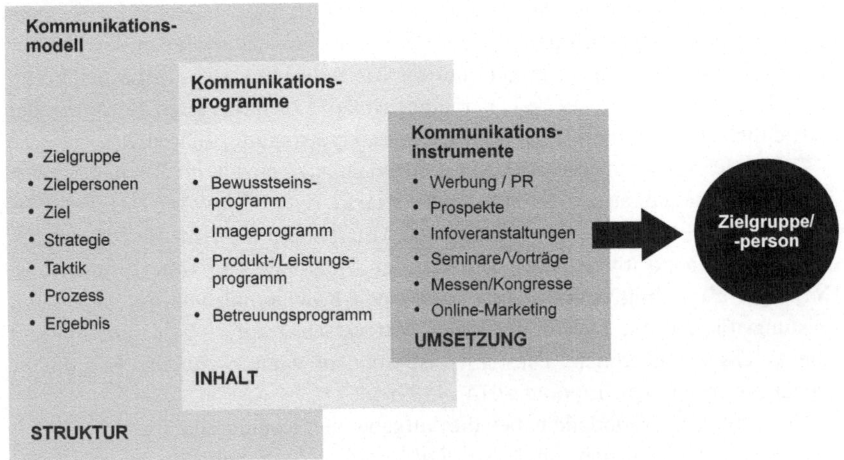

Abb. 2.4 Die Kommunikation: Von der Struktur über die Inhalte zur Umsetzung

Kommunikation) häufig schärfer ist, da es bei der Signalisierung – im Gegensatz zur Kommunikation – nicht notwendigerweise zu einer Interaktion (zwischen Sender und Empfänger) kommen muss. Schließlich führt der Einsatz aller „klassischen" Kommunikationsmittel *nicht* zu einer Interaktion zwischen Unternehmen und Zielgruppe. Jedoch infolge der zunehmenden Bedeutung der **Online-Kommunikation**, deren besondere Stärke gerade in der Interaktion zwischen Anbieter und Nachfrager liegt, wird hier der weitergefasste Kommunikationsbegriff für die (werbliche) Außendarstellung eines Unternehmens verwendet.

Um die Empfänger, d. h. die Zielgruppe der Signale, in ihrer unterschiedlichen Konditionierung mit den jeweils richtigen Kommunikationsinhalten anzusprechen, sollte zunächst ein **Kommunikationsmodell** aufgestellt werden. Ein solches Modell stellt die *Struktur* des Kommunikationsprozesses (Ziele, Strategien, Zielgruppe, Zielpersonen etc.) dar und ist die Grundlage für die zu kommunizierenden Inhalte.

Die **Kommunikationsinhalte** (Botschaften) wiederum bilden in ihrer Gesamtheit das **Kommunikationsprogramm** (Bewusstseins-, Image-, Produkt-, Kundenprogramm), das dann von den **Kommunikationsinstrumenten** (Werbung, PR, Online-Marketing, Direct-Marketing, Messen, Events etc.) umgesetzt und an die **Zielgruppe/-person** herangetragen werden muss (siehe Abb. 2.4).

Das Kommunikationsmodell ist zugleich eine wichtige Voraussetzung für eine nachhaltige **Markenstrategie**. Wer eine starke Produkt- und/oder Unternehmensmarke in seinen definierten Marktsegmenten etabliert und weiterentwickelt, kann der Herausforderung, Aufträge in diesen Zielsegmenten zu gewinnen, leichter begegnen. Diese Erkenntnis gilt nicht nur für das B2C-Marketing. Insbesondere im B2B-Bereich kann eine starke Unternehmensmarke zu niedrigeren Kosten in der vertrieblichen Basisarbeit (z. B. bei der Kontaktgewinnung) führen.

Eine solche Markenstrategie wirkt sich zudem auch positiv im *Personalbereich* aus. Eine bekannte, attraktive **Arbeitgebermarke** (engl. *Employer Branding*) erleichtert die Gewinnung von qualifizierten Mitarbeitern auf dem Bewerbermarkt und wirkt sich positiv auf den Verbleib der Mitarbeiter im Unternehmen aus. **Employer Branding** beugt insbesondere der Abwanderung von Potenzial- und Leistungsträgern vor. Dieses Phänomen tritt verstärkt auf, sobald die Chancen zum Wechseln zunehmen. Dies gilt insbesondere dann, wenn die Konjunktur wieder anspringt (vgl. Lippold 2014, S. 99f.).

Kommunikationsmodelle haben die Aufgabe, den Kommunikationsprozess mit allen **Anspruchsgruppen** (engl. *Stakeholder*) eines Unternehmens zu strukturieren und in seiner Komplexität zu vereinfachen. Das Kommunikationsmodell ist gleichzeitig auch die Grundlage für ein umfassendes, integriertes Kommunikationskonzept des Unternehmens. Es fasst das Ergebnis der Kommunikationsplanung zusammen und bereitet die konkreten Aufgabenstellungen und Verantwortlichkeiten für die Akteure des Marketings auf. Integrierte Kommunikationskonzepte beinhalten Entscheidungen über folgende **Dimensionen** (vgl. Meffert 1998, S. 689ff.):

- **Objektdimension** (Idee, Unternehmen, Produkt-/Leistungsprogramm, Kunden)
- **Ausrichtungsdimension** (personell, zeitlich, räumlich etc.)
- **Instrumentedimension** (Werbung, Verkaufsförderung, PR etc.)
- **Mediadimension** (Printmedien vs. elektronische Medien)
- **Gestaltungsdimension** (Inhalte, Botschaft).

In Abb. 2.5 sind die verschiedenen Dimensionen des Kommunikationskonzepts zusammengestellt.

Die Dimensionen geben zugleich auch die Orientierungsgrößen für die **Ressourcenplanung** vor. Das Budget für das Aktionsfeld *Kommunikation* zählt erfahrungsgemäß zu den umfangreichsten Positionen im Marketing. Es orientiert sich in der Praxis in erster Linie am erwarteten Umsatz, am Gewinn oder auch am Verhalten des Wettbewerbs. Erfahrungswerte, die in früheren Budgetprozessen gesammelt worden sind, sowie die Preissituation auf dem Markt für Marketing-Dienstleistungen sind weitere Orientierungsgrößen für die Festlegung

Abb. 2.5 Dimensionen des Kommunikationskonzepts

des Budgets. Das so ermittelte Soll-Budget wird mit den Budget-Vorgaben der Unternehmensplanung verglichen und kann entweder zu einer Anpassung der Unternehmensplanung oder zu einer Anpassung der Marketingplanung führen.

Ist die Entscheidung über die Höhe des Marketing-Budgets gefallen, geht es nun darum, im Rahmen der **Mediaselektion** die einzelnen Werbeträger auszuwählen und zu budgetieren. Dabei geht es im ersten Schritt um die Frage, welche Werbeträger sich grundsätzlich dafür eignen, die gesteckten Kommunikationsziele zu erreichen. Im zweiten Schritt wird dann die Wirtschaftlichkeit der Werbeträger anhand der Kommunikationsleistung (Reichweite, Zielgruppenabdeckung) und der Kosten analysiert (vgl. Meffert et al. 2008, S. 691ff.).

2.4 Distribution

Die **Distribution** ist das vierte Aktionsfeld im Rahmen des Vermarktungsprozesses. Sie umfasst im Wesentlichen die Festlegung der **Distributionsformen**, die Wahl der **Distributionskanäle** und der jeweils einzuschaltenden **Distributionsorgane** *(Channel Policy)*. Die Distribution zielt somit auf die Optimierung der *Kundennähe*:

$$Kundennähe = f(Distribution) \rightarrow optimieren!$$

In diesem Zusammenhang soll erwähnt werden, dass der Begriff *Distribution* für das B2B-Marketing recht unglücklich gewählt ist. Hier wäre der Begriff *Vertrieb* sicherlich die angemessenere Begrifflichkeit.

Die Notwendigkeit zur Optimierung der Kundennähe und damit zum Aufbau einer schlagkräftigen Vertriebsorganisation ergibt sich auf der einen Seite durch Die Notwendigkeit zur Optimierung der Kundennähe und dem damit verbundenen Aufbau einer schlagkräftigen Vertriebsorganisation ergibt sich zwangsläufig durch den Wunsch nach *Ausweitung des potentiellen* Kundenkreises. Die Optimierung hat sich daher an den Zielen des Aktionsfeldes *Distribution* zu orientieren. Ausgehend von den übergeordneten Umsatz- und Marktanteilszielen können bspw. folgende **Zielgrößen** zugrunde gelegt werden (vgl. Meffert et al. 2008, S. 563f.):

- Erhöhung der Marktabdeckung
- Reduzierung der Distributionskosten
- Erhöhung des Distributionsgrades
- Vermeidung distributionsspezifischer Risiken
- Kontrollierbarkeit der Distributionskanäle.

Beim Aktionsfeld *Distribution* steht die Frage im Vordergrund, wie die Produkte und Leistungen des Unternehmens am besten an die Kunden herangetragen werden können. Aus Sicht des anbietenden Unternehmens schließen sich an diese Frage drei **Basisentscheidungen der Distribution** an (vgl. Becker 2009, S. 525f.):

- **Aufbau und Management des Distributionssystems** zur Gestaltung der Distributionskanalstruktur
- **Einsatz der Distributionsorgane** zur Auswahl, Steuerung und Motivation der mit der Akquisition zu betrauenden Personen
- **Gestaltung von Logistiksystemen** zur Überbrückung von Raum und Zeit durch Transport, Lagerhaltung und Auftragsabwicklung.

Diese Basisentscheidungen werden im B2C-Marketing teilweise grundlegend anders getroffen als im B2B-Marketing. Während im B2C-Marketing der Handel die Distributionskanäle beherrscht, ist es im B2B-Bereich eindeutig das produzierende Unternehmen. Die Distributionskanäle im B2C-Marketing verlaufen oft über viele Stufen, dafür überwiegt im B2B-Geschäft die Anzahl der Direktverkäufe. Im B2C-Marketing können sich die Kunden häufig aussuchen, über welchen Distributionskanal sie die Produkte beziehen wollen.

	B2B-Marketing	B2B-Marketing
Beherrschung der Distributionskanäle	Dominanz des Handels	Dominanz des Herstellers
Tiefe der Distributionskanäle	Oft viele Stufen	Keine oder nur wenige Stufen
Anteil des Geschäfts durch indirekten Vertrieb	Sehr hoch, nur geringe Direktverkäufe	Eher gering, Direktverkäufe überwiegen
Auswahl der Distributionskanäle durch den Kunden	Groß, da ein Produkt sehr häufig über mehrere Kanäle angeboten wird	Gering, da ein Produkt nur über sehr wenige Kanäle angeboten wird (meist sogar nur ein Kanal)
Existenz und Bedeutung von Großkunden	Eher gering	Sehr groß

Abb. 2.6 Distributionsschwerpunkte im B2C- und B2B-Marketing

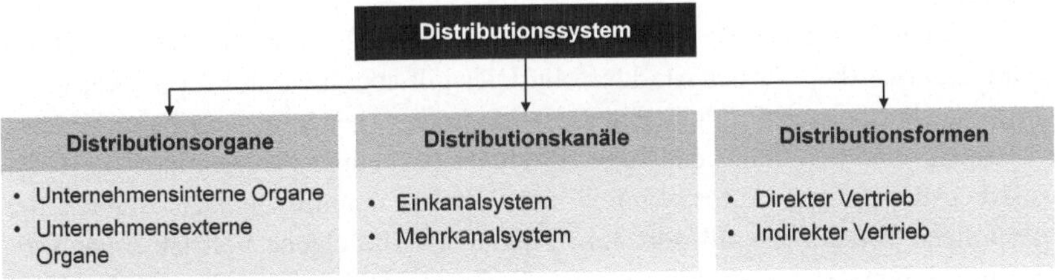

Abb. 2.7 Elemente eines Distributionssystems

In Abb. 2.6 sind die wesentlichen Unterschiede zusammengefasst dargestellt.

Das (akquisitorische) Distributionssystem (auch als Vertriebssystem bezeichnet) stellt die institutionelle und strukturelle Grundlage des Aktionsfeldes *Distribution* dar. Die Komponenten des (akquisitorischen) Distributionssystems sind die *Distributionsorgane* (auch Vertriebs - oder Absatzorgane), die Distributionskanäle (auch Vertriebs - oder Absatzwege) und die Distributionsformen (direkter/indirekter Vertrieb) (vgl. Homburg und Krohmer 2009, S. 830).

Abbildung 2.7 gibt einen Überblick über die Komponenten des akquisitorischen Distributionssystems.

2.5 Akquisition

Ist im Rahmen der *Distribution* die Kundenkontaktierung optimiert, so geht es in der *(persönlichen) Akquisition* darum, die vorhandenen Kundenkontakte zu qualifizieren und in Aufträge umzumünzen. Die **Akquisition**, das fünfte Aktionsfeld im Vermarktungsprozess, zielt damit auf die Optimierung der *Kundenakzeptanz* :

$$Kundenakzeptanz = f(Akquisition) \rightarrow optimieren!$$

Insbesondere bei erklärungsbedürftigen Produkten und Leistungen zählt der *persönliche Verkauf* zu den wirksamsten, aber zugleich auch zu den teuersten Kommunikationsinstrumenten.

Bei der Systematisierung der Aktionsfelder der hier vorgestellten Marketing-Gleichung bestehen hinsichtlich der persönlichen Akquisition durchaus Abgrenzungsprobleme. So ließe sich die persönliche Akquisition bzw. der persönliche Verkauf auch im Zusammenhang mit der *Kommunikation* oder mit der *Distribution* behandeln.

In vielen Branchen ist der **persönliche Verkauf** (engl. *Personal Selling*) hauptverantwortlich für den Markterfolg. Dies gilt aber nicht nur für die Vermarktung der allermeisten Produkte im B2B-Marketing, sondern auch beim Verkauf erklärungs- und beratungsbedürftiger Produkte gegenüber Privatkunden (z. B. Finanzdienstleistungen, Autos, Immobilien). Zudem kommt im B2C-Bereich der persönliche Verkauf überall dort zum Tragen, wo die eigene Vertriebsorganisation im Rahmen der Distributionskanäle direkt auf den nächsten Verwender trifft. So muss ein Markenartikelhersteller bspw. mit dem Zentraleinkauf von Warenhäusern oder Handelsketten über Abnahmemengen sowie Preise und Konditionen verhandeln oder Jahresgespräche über Verkaufsförderungsaktionen führen. Solche Jahresgespräche zielen allerdings nicht auf den direkten Verkauf der Produkte. Sie sind vielmehr eine Vorstufe, um z. B. mit der Listung eines neuen Produkts in den Handelsbetrieben oder im Rahmen einer Weihnachtsaktion erst die Möglichkeit für das Herstellerunternehmen eröffnet, dass die Produkte in die Regale kommen und dann in größeren Stückzahlen verkauft werden können.

In Abb. 2.8 sind diese Schnittstellen, an denen der persönliche Verkauf auch für den Konsumgüterbereich von Bedeutung ist, besonders gekennzeichnet.

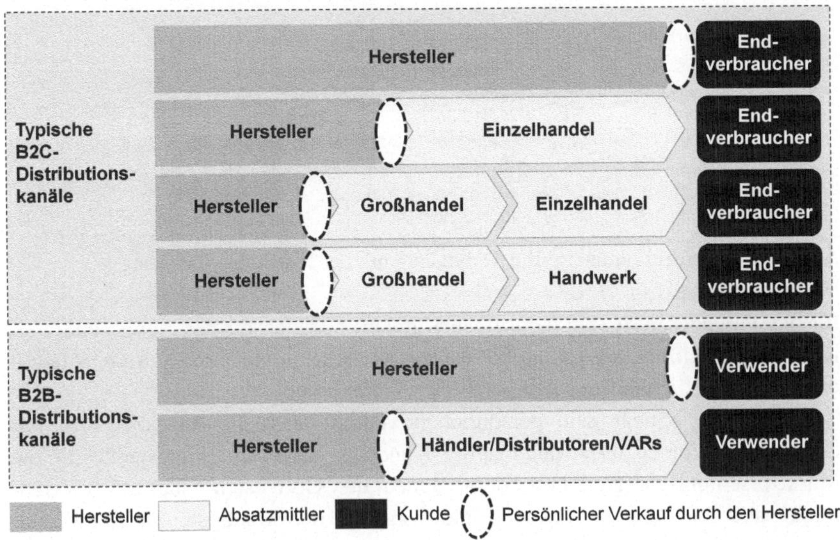

Abb. 2.8 Persönlicher Verkauf durch den Hersteller

Um der besonderen Bedeutung des persönlichen Verkaufs gerecht zu werden, wird die *Akquisition* als eigenständiges Aktionsfeld der Marketing-Gleichung behandelt. Dabei sollen im Wesentlichen folgende Fragen behandelt werden (vgl. Lippold 1998, S. 220):

- Welche Anforderungen sind an die Qualifikation der Vertriebsmitarbeiter zu stellen?
- Wie lässt sich die Effizienz des persönlichen Verkaufs steigern?
- Für welche Marketing-Aktivitäten sollte dieses teure Instrument eingesetzt werden?
- Wie lässt sich die Abschlussquote erhöhen?
- Wie kann der Akquisitionszyklus verkürzt werden?

Die wesentliche Aufgabe des persönlichen Verkaufs besteht darin, den kundenseitig verlaufenden Auswahl- und Entscheidungsprozess so zu beeinflussen, dass letztlich der Auftrag gewonnen wird.

Eine zweite Aufgabe des persönlichen Verkaufs besteht in der Pflege bestehender Kundenbeziehungen. Dies hat für den Anbieter deshalb eine besondere Bedeutung, weil der bereits erbrachte Nachweis der Leistungsfähigkeit sowohl

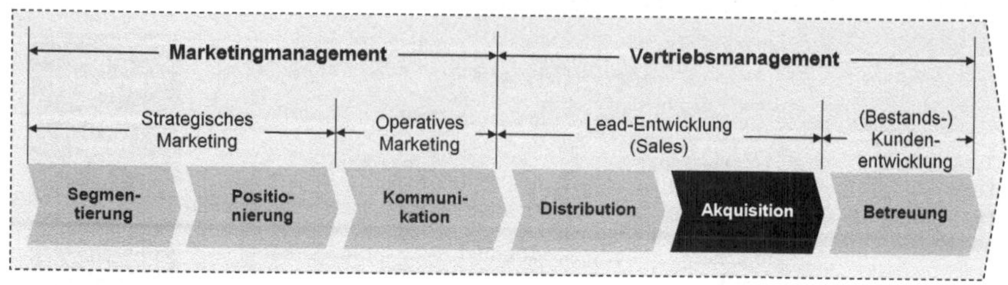

Abb. 2.9 Aufgabenzuordnungen in Verbindung mit der Marketing-Gleichung

für das **Folgegeschäft** (bei demselben Kunden) als auch für das **Neugeschäft** eine verkaufsauslösende Wirkung hat. Dieses so genannte *Referenz-Selling* ist damit ein aktiver Bestandteil des Aktionsfeldes *Akquisition.*

Schließlich obliegt dem persönlichen Verkauf auch die Aufgabe, Informationen zu gewinnen. Der (potenzielle) Kunde ist als Informationsquelle für die Marktforschung von ganz besonderer Bedeutung. Ob es sich dabei um Informationen über Leistungen, Aktionen und Vorgehen der wichtigsten Wettbewerber, um die Aufnahme spezifischer Kundenanforderungen oder um Informationen über bestimmte betriebswirtschaftliche oder technologische Ausrichtungen der Kundenunternehmen handelt, in jedem Fall bietet das Verkaufsgespräch eine Fülle von Ansatzpunkten für die Weiterentwicklung des eigenen Produkt- und Leistungsportfolios.

Die Durchführung der Akquisition, also des persönlichen Verkaufs, obliegt in funktionaler Hinsicht der Verantwortung der Verkaufsorganisation. Hier kommt die in der Praxis übliche organisatorische Trennung zwischen Marketing und Vertrieb zum Ausdruck – und zwar sowohl im B2C- als auch im B2B-Marketing.

So wird das Marketing von Konsumgütern vom Produkt- oder Brandmanagement unter Federführung der Marketingleitung wahrgenommen. Die häufig sehr personal- und kostenintensive Verkaufsorganisation, deren Kern sich aus Reisenden und Handelsvertretern des Außendiensts zusammensetzt, ist dagegen dem Vertriebsleiter unterstellt. Um das Kundenpotential bei Großkunden (z. B. Warenhäuser oder Ketten) optimal ausschöpfen zu können, sind Key Account Manager in Verbindung mit Category Managern ebenfalls der Vertriebsleitung zugeordnet (vgl. Runia et al. 2011, S. 286).

Im B2B-Marketing hängt – mehr noch als im B2C-Bereich – die konkrete Ausgestaltung von Marketing und Sales von der Größe des Unternehmens, der Beratungs- und Erklärungsbedürftigkeit der Produkte und Dienstleistungen und der individuellen Kundenstruktur ab. Während die strategischen Marketingfragen zumeist in der Geschäftsführung (teilweise mit externer Unterstützung von

Beratern oder des Marketings) behandelt werden, liegen die operativen Marketingaufgaben mit dem Kampagnen- und Event-Management vollständig in der Verantwortung der Marketingleitung. Das Lead- und Kundenmanagement ist – mit Unterstützung der Key-Account-Manager – wiederum der Vertriebsleitung zugeordnet (siehe Abb. 2.9).

Grundsätzlich lässt sich festhalten, dass das Aktionsfeld *Akquisition* eine dominierende Stellung und Bedeutung in Firmenkundenmärkten (B2B) und weniger in Endkundenmärkten (B2C) hat, denn in B2B-Märkten sind Einkaufsentscheidungen deutlich komplexer und von längerer Dauer.

2.6 Betreuung

Die **Betreuung** (auch *Kundenbetreuung*) ist das sechste und letzte wichtige Aktionsfeld im Rahmen des Vermarktungsprozesses. Die Komponente *Betreuung* unterscheidet sich insofern von den übrigen Aktionsfeldern der Marketing-Gleichung, weil sie erst *nach* dem Kauf bzw. *nach* der Auftragsvergabe zur Wirkung gelangt. Innerhalb des Vermarktungsprozesses ist sie der **Post-Sales-Phase** zuzuordnen. Da die Marketingaktivitäten eines Unternehmens nicht mit dem Auftragseingang enden, zielt die Betreuung auf die Optimierung der *Kundenzufriedenheit* ab:

$$Kundenzufriedenheit = f(Betreuung) \rightarrow optimieren!$$

Neben dem Begriff **Kundenzufriedenheit** wird häufig der Terminus **Kundenorientierung** als Zielsetzung der Betreuung genannt. Nach allgemeinem Verständnis ist *Kundenzufriedenheit* nach *außen* gerichtet (also marktgerichtet), während *Kundenorientierung* auf die Mitarbeiter eines Unternehmens abzielt und damit eher als *interner* Erfolgsgarant für das Bestehen eines Unternehmens anzusehen ist. Das bedeutet letztlich, dass die Kundenorientierung (der Mitarbeiter) eines Unternehmens eine der zu schaffenden *internen* Vorrausetzungen für die Kundenzufriedenheit am Markt ist. Insofern liegt hier eine Mittel-Zweck-Beziehung vor, bei der die Kundenorientierung (und die Zufriedenheit) von Mitarbeitern eine zentrale Einflussgröße der Kundenzufriedenheit ist (vgl. Stock-Homburg 2012, S. 275ff.).

Dem Aktionsfeld *Betreuung* kommt in *zweifacher* Hinsicht eine besondere Bedeutung zu:

Zum einen ist die vorhandene Kundenbasis immer dann das am leichtesten zu erreichende Absatzpotenzial für das **Folgegeschäft**, wenn es gelingt, die bisherige Beziehung zur Zufriedenheit des Kunden zu gestalten. Im B2C-Marketing lässt

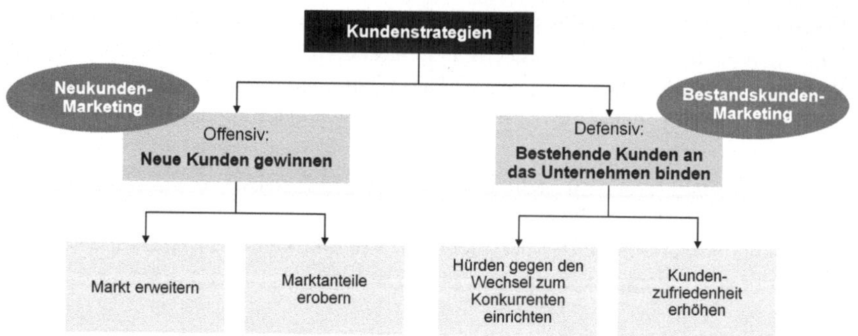

Abb. 2.10 Kundenstrategien

sich die Kundenzufriedenheit relativ leicht an den unmittelbaren Wiederholungs-käufen festmachen. Im B2B-Marketing mit komplexen Produkten und Leistungen ist dies dann der Fall, wenn das Projekt aufwandsgerecht durchgeführt wird, der Funktionsumfang den Erwartungen entspricht und das Kundenunternehmen auch nach dem erfolgreichen Projekteinsatz das Gefühl hat, jederzeit kompetent (und bevorzugt) betreut zu werden. Mit den daraus resultierenden Folgeauf-trägen wächst das Unternehmen mit seinen Kunden. Kurzum: Die verkauften Produkte und Leistungen sollten dem abgegebenen Nutzen- und Qualitätsverspre-chen entsprechen und damit Wiederholungskäufe initiieren (vgl. Lippold 1998, S. 237f.).

Zum anderen ist ein gut betreuter Kunde in idealer Weise auch immer eine **Referenz** für das Neugeschäft, d. h. zur Gewinnung neuer Kunden. Besonders im B2B-Bereich sind Referenzen in einem Markt, dessen Entscheidungsprozesse häufig vom Kaufmotiv *Sicherheit* geprägt sind, in vielen Fällen ein wesentlicher Schritt zur Absicherung der Kaufentscheidung.

In diesem Zusammenhang ist anzumerken, dass dem Aktionsfeld *Betreuung* in der Marketingliteratur im Rahmen des marketingpolitischen Instrumentariums (Marketing-Mix) generell keine sehr große Bedeutung beigemessen worden ist. Im Mittelpunkt stand jahrzehntelang das **Neukunden-Marketing** und nicht das **Bestandskunden-Marketing**. Und das, obwohl eine Studie aus den USA bereits zu Beginn der 1990er Jahre zeigt, dass eine Verhinderung der Kundenabwande-rung um fünf Prozent zu einer Steigerung des Gewinns je Kunde von bis zu 85 % führen kann (vgl. Bruhn 2012, S. 95 unter Bezugnahme auf Reichheld und Sasser 1990).

In Abb. 2.10 sind die beiden grundsätzlichen **Kundenstrategien**, also das Neukunden-Marketing und das Bestandskunden-Marketing dargestellt. Hierbei

	Kundenbindungs-management	Qualitäts-management	Service-management	Beschwerde-managment
Analyse	Abwanderungs-analyse	Qualitätsmessung	Servicebedarf	Beschwerde-analyse
Ziele	Festigung individueller Kundenbeziehungen	Verbesserung der Produktqualität	Verbesserung der Servicequalität	Wiederherstellung der Kunden-zufriedenheit
Strategien	Kundenbindungs-strategie	Qualitätsstrategie	Servicestrategie	Festlegung der Beschwerde-prozesse
Umsetzungs-planung	Kundenbindungs-instrumente	Qualitätssicherungs-instrumente	Serviceinstrumente	Instrumente des Beschwerde-managements

Abb. 2.11 Bezugsrahmen für ein integriertes Kundenmanagement

sollte aber kein „entweder – oder", sondern ein „sowohl als auch" im Mittelpunkt strategischer Überlegungen stehen.

Erst mit dem Aufkommen der Idee des **Customer Relationship Managements** (CRM) ist die Beziehung zu den Bestandskunden stärker in das Bewusstsein der verschiedenen Marketingansätze gerückt. Hier kann vielleicht eine Parallele zum Personalmarketing gezogen werden. Auch das Personalmarketing befasste sich zunächst ausschließlich mit der Personal*gewinnung*. Erst später ist die Personal*bindung* als wesentliche zweite Zielsetzung hinzugekommen (vgl. Lippold 2014, S. 9f.).

Angesichts der stärkeren Beachtung des Post-Sales-Geschäfts sind die Unternehmen gefordert, die Rahmenbedingungen zur Umsetzung von Kundenorientierung zu schaffen bzw. zu verbessern. Dazu zählt nicht nur die Auswahl der einzelnen Bausteine der Kundenorientierung, sondern vor allem deren Integration zu einem ganzheitlichen Kundenmanagement. Zu den **Bausteinen eines integrierten Kundenmanagements** zählen im Wesentlichen

- ein **Kundenbindungsmanagement** zur Festigung individueller Kundenbeziehungen,
- ein **Qualitätsmanagement** zur Verbesserung der Produktqualität,
- ein **Servicemanagement** zur Verbesserung der Servicequalität und
- ein **Beschwerdemanagement** zur Vermeidung von Kundenabwanderungen.

In Abb. 2.11 ist der entsprechende Bezugsrahmen für diese Bausteine dargestellt.

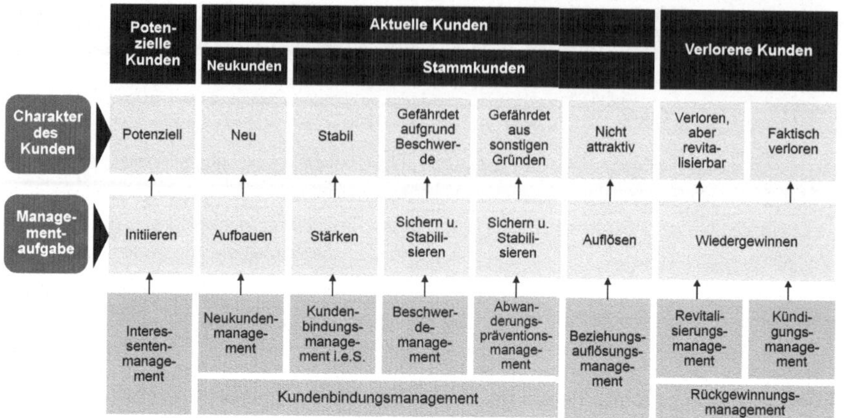

Abb. 2.12 Bereiche des Kundenmanagements

Neben den oben genannten inhaltlichen Bausteinen ist der **prozessuale Charakter** kennzeichnend für das Kundenmanagement. Dabei steht die Fokussierung auf Interaktionsprozessen und nicht auf Distributionsprozessen im Vordergrund. Ein weiteres Kennzeichnen ist der direkte Fokus auf die einzelne Kundenbeziehung und damit auch die Möglichkeit zur Kundenabgrenzung.

Kundenmanagement beinhaltet die Planung, Steuerung und Kontrolle der kommunikativen Interaktionsprozesse eines Anbieters mit potentiellen oder vorhandenen Kunden zur Generierung und Pflege von Kundenbeziehungen über den gesamten Kundenlebenszyklus hinweg.

Um die einzelnen Ziele und Aktivitäten des Kundenmanagements zu charakterisieren, bietet es sich an, die **Zielgruppen** des Kundenmanagements in

- potentielle Kunden (Interessenten),
- Neukunden,
- Stammkunden und
- verlorene Kunden

zu unterteilen. Ordnet man nunmehr den Zielgruppen die jeweils opportune Management-aktivität zu, so ergibt sich das in Abb. 2.12 gezeigte Schema.

Mit dem Aktionsfeld *Betreuung* wird ein Handlungsrahmen vorgelegt, der im Sinne einer konsequenten **Kundenorientierung** neben dem **Kundenbindungsmanagement** auch das **Qualitäts-, Service- und Beschwerdemanagement** als

Steuerungssysteme mit einbezieht. Aufgabe dieser Steuerungssysteme ist es, unternehmensexterne und unternehmensinterne Faktoren (z. B. Heterogenität der Kundenerwartungen, Breite des Produktangebots) quasi als Störfaktoren in den Griff zu bekommen (vgl. Bruhn 2012, S. 11ff.).

Geltungsbereiche der Marketing-Gleichung 3

Folgende Geltungsbereiche der Marketing-Gleichung sollen hier aufgezeigt werden:

- Strategischer und taktischer Geltungsbereich,
- Geltungsbereich im Vergleich zum Marketing-Mix (Marketingpolitisches Instrumentarium) und
- Geltungsbereich für das B2C- und das B2B-Marketing.

3.1 Strategischer und taktischer Geltungsbereich

Als marktorientierter Handlungsrahmen gibt die Marketing-Gleichung mit ihren Aktionsfeldern die Struktur für den Vermarktungsprozess vor. Gleichzeitig sind in der Marketing-Gleichung bereits Maßnahmen und Vorschläge für die konkrete Ausgestaltung der Marketingstrategie enthalten. Die einzelnen Aktionsfelder beinhalten demnach sowohl strategisch-strukturelle als auch taktisch-operative Elemente.

Dieses Strategie- bzw. Strukturgefälle ist in Abb. 3.1 formalisiert dargestellt. Dabei wird deutlich, dass der strategische (also strukturbestimmende) Anteil bei der *Segmentierung* (Segmentierungsstrategien) und bei der *Distribution* (z. B. die strukturbestimmende Wahl des Distributionssystems) überwiegt, während

© Springer Fachmedien Wiesbaden 2015
D. Lippold, *Einführung in die Marketing-Gleichung,* essentials,
DOI 10.1007/978-3-658-09870-4_3

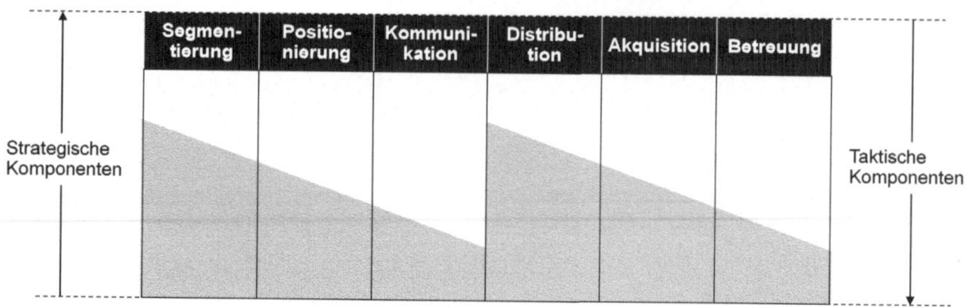

Abb. 3.1 Anteile strategischer und taktischer Komponenten bei den Aktionsfeldern der Marketing-Gleichung

Kommunikation (vorwiegend Kommunikationsmaßnahmen) und *Betreuung* (vorwiegend Kundenbindungsmaßnahmen) mehr von taktisch-operativen Maßnahmen geprägt sind. Bei der Positionierung und der Akquisition lässt sich in etwa eine ausgewogene Aufteilung von strategischen und taktischen Anteilen ausmachen (vgl. Lippold 1998, S. 100f.).

3.2 Geltungsbereich im Vergleich zum klassischen Marketing-Mix

Abbildung 3.2 enthält eine synoptische Zuordnung der Aktionsfelder der Marketing-Gleichung zur Konzeptionsebene der Marketingstrategien, zur Konzeptionsebene des Marketing-Mix (jeweils nach Becker) sowie zu den analogen 4 P's (*Product, Price, Promotion* und *Place*) und den 4 C's (*Costumer Solutions, Cost to the costumer, Communication* und *Convenience*) aus der amerikanischen Marketing-Literatur.

3.3 Geltungsbereich für das B2C- und B2B-Marketing

Die Aktionsfelder der Marketing-Gleichung sind in ihrer Bedeutung für das B2C- und das B2B-Marketing unterschiedlich zu gewichten. Die Ursache dafür ist, dass sich die Marketingstrategien beider Konzepttypen teilweise deutlich voneinander unterscheiden. Diese Unterschiede lassen sich an den verschiedenen

Aktionsbereiche der Marketing-Gleichung	Konzeptionsebene der Marketingstrategien (nach Becker)	Konzeptionsebene der Marketing-Mix (nach Becker)	Vier P's	Vier C's
Segmentierung	Marktparzellierungsstrategien			
Positionierung	Marktstimulierungsstrategien Marktfeldstrategien	Angebotsmix	Product Price	Customer Solutions Cost to the costumer
Kommunikation		Kommunikationsmix	Promotion	Communication
Distribution	Marktarealstrategien	Distributionsmix	Place	Convenience
Akquisition		Distributionsmix Kommunikationsmix	(Place)	(Convenience)
Betreuung		(Angebotsmix)	(Product)	(Customer solutions)

Abb. 3.2 Zuordnung der Aktionsfelder der Marketing-Gleichung zu den Konzeptionsebenen der Marketingstrategien und des Marketing-Mix

	B2C	B2B
Zielgruppe	Breit	Schmal
Segmentierung	Schwierig • Hohe Anforderung an Marktforschung • Milieumodelle	Leichter • Kundensegmente tendenziell homogener, kleiner, bekannter
Signalisierung	Einfach • Kampagnen-Ansatz	Komplex • Erklärungsbedürftige Produkte • Hohe Nutzenerwartung der Adressaten
Zielperson	Einer: • Konsument	Mehrere: • Verschiedene Mitarbeiter des Kundenunternehmens („Buying Center")
Image	Extrem wichtig	Steigende Bedeutung
Kundenbindung	Überwiegend lose	Fest
Kundenbeziehung	Situativ und punktuell	Langandauernd und kontinuierlich
Kundengewinnungs- aufwand	Finanziell hoch	Zeitlich hoch

Abb. 3.3 Unterschiede zwischen B2C- und B2B-Marketing

Ausprägungen bestimmter Kriterien wie Zielgruppe, Zielpersonen, Kundenbindung und -beziehung, Image und dergleichen festmachen. Abbildung 3.3 gibt einen Überblick über wichtige Unterschiede zwischen B2C- und B2B-Marketing.

Versucht man nun die Unterschiede von B2C und B2B auf ihre Bedeutung im Hinblick auf den finanziellen und personellen Ressourceneinsatz der einzelnen Aktionsfelder der Marketing-Gleichung zu analysieren, so ergibt sich in etwa das in Abb. 3.4 dargestellte Bedeutungsverhältnis.

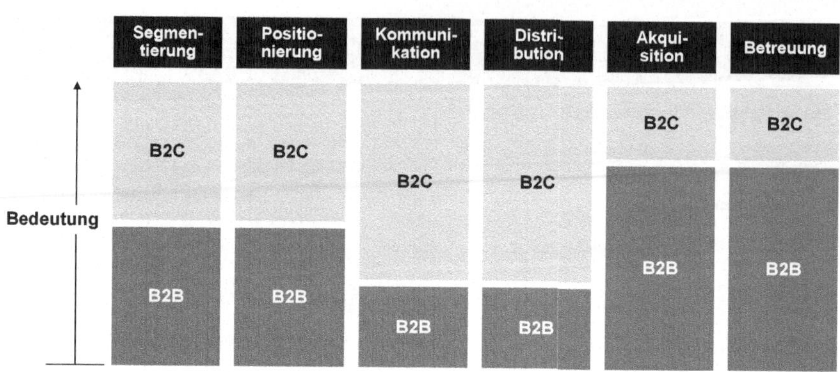

Abb. 3.4 Bedeutung der Marketing-Aktionsfelder für das B2C- bzw. B2B-Marketing

Danach sind die Aktionsfelder *Segmentierung* und *Positionierung* für beide Marketing-Typen gleichermaßen von Bedeutung. In den Aktionsfeldern *Signalisierung* und *Distribution* dominiert hingegen das B2C-Marketing. Die hohen Marketing-Aufwendungen für die Kommunikationsprogramme sowie für die Einrichtung leistungsfähiger Distributionssysteme im B2C-Marketing sind ein deutlicher Beleg für diese Einschätzung. Anders sieht es dagegen bei den Aktionsfeldern *Akquisition* und *Betreuung* aus: Aufgrund der hohen Beratungs- und Erklärungsbedürftigkeit der Produkte und Leistungen im Business-to-Business-Bereich kommt diesen beiden Aktionsfeldern im B2B-Marketing eine herausragende Stellung zu.

Marketing-Gleichung als prozessbezogene Perspektive des Marketings

4

Nach Homburg und Krohmer (2009, S. 11) sind es insgesamt sieben Perspektiven, die die verschiedenartigen Aspekte des Marketings zusammenfassen:

Theoretische Perspektive Theoretische Grundlagen sind erforderlich, um Marketingmodelle, Marketinginstrumente, Marketingaktivitäten und Marketingentscheidungen in ihren Wirkungszusammenhängen zu verstehen. Sie bilden die Grundlage für alle anderen Perspektiven. Zu den verschiedenen theoretischen Ansätzen in der Marketingwissenschaft sei insbesondere verwiesen auf Lippold 2015. Die Unterteilung der Theoriedarstellung folgt dem so genannten **strategischen Dreieck des Marketings**, das aus den Kunden des Unternehmens, dem Unternehmen selbst und den Wettbewerbern des Unternehmens gebildet wird. Im Mittelpunkt stehen daher die Theorien zur Erklärung des

- Verhaltens von Kunden,
- Verhaltens von Unternehmen und des
- Verhaltens der Wettbewerber.

© Springer Fachmedien Wiesbaden 2015
D. Lippold, *Einführung in die Marketing-Gleichung,* essentials,
DOI 10.1007/978-3-658-09870-4_4

Informationsbezogene Perspektive Die informationsbezogene Perspektive befasst sich mit der Gewinnung und Bereitstellung von Informationen, die für zielführende Marketingentscheidungen notwendig sind. Es handelt sich im Wesentlichen um das Aufgabengebiet der Marktforschung mit seinen Teilbereichen

- Datenquellen,
- Erhebungsmethoden,
- Auswahlverfahren und
- Analysemethoden.

Strategische Perspektive Die strategische Perspektive des Marketings ist auf die grundsätzliche und langfristige Orientierung der Marktbearbeitung des Unternehmens ausgerichtet. Dabei geht es vornehmlich um **Grundsatzentscheidungen** über Marktauswahl, -bearbeitung und -verhalten. Strategien legen den notwendigen Handlungsrahmen fest, so dass alle operativen Instrumente konsequent und stimmig eingesetzt werden können. Im Mittelpunkt steht dabei die strategische Marketingplanung mit den Phasen

- Analyse (Wo stehen wir?),
- Ziele (Wo wollen wir hin?) und
- Strategie (Wie kommen wir dahin?).

Instrumentelle Perspektive Zur Umsetzung der Marketingstrategie dient der Einsatz der Marketinginstrumente, deren Gesamtheit auch als **Marketing-Mix** bezeichnet wird. Die instrumentelle Perspektive liegt den meisten Lehrbüchern als Systematisierungsansatz zu Grunde. Die vier Komponenten des Marketing-Mix sind

- Produktpolitik,
- Preispolitik,
- Kommunikationspolitik und
- Distributionspolitik.

Institutionelle Perspektive   Die institutionelle Perspektive befasst sich mit den **branchenspezifischen Besonderheiten** des Marketings. Die wichtigsten institutionellen Unterscheidungen hinsichtlich der Ausgestaltung der Marketingaktivitäten bieten das Marketing von

- Konsumgütern,
- Dienstleistungen,
- Industriegütern und
- Handelsunterunternehmen.

Fasst man diese institutionellen Marketingausprägung nach der Art des Kunden (Endverbraucher einerseits, Unternehmen/Organisationen andererseits) weiter zusammen, so erhält man die Unterteilung in

- Business-to-Consumer-Marketing (B2C-Marketing) und
- Business-to-Business-Marketing (B2B-Marketing).

Organisationsbezogene Perspektive   Die implementationsbezogene Perspektive widmet sich denjenigen Unternehmensbereichen und Personen, die Marketingaufgaben wahrnehmen. Hierzu zählen die Fragen zur Ausgestaltung der **Marketing- und Vertriebsorganisation** insgesamt sowie der Aufgaben und Kompetenzen so wichtiger Marketingmanagement-Funktionen wie

- Key Account Management
- Vertriebsmanagement und
- Produktmanagement.

Führungsbezogene Perspektive   Im Mittelpunkt der führungsbezogenen Perspektive, die ebenso wie die organisationsbezogene Perspektive unternehmensintern ausgerichtet ist, steht die kundenorientierte Führung des gesamten Unternehmens. Hierzu zählen in erster Linie drei Themenbereiche:

- Kundenorientierte Unternehmenskultur
- Kundenbezogene Führungssysteme
- Veränderungsmanagement.

Den hier kurz aufgeführten sieben Perspektiven des Marketings soll noch eine weitere, **achte Perspektive** hinzugefügt werden: die **prozessbezogene Perspektive** (siehe Abb. 4.1). Sie beschreibt im Rahmen der Wertschöpfungskette des Unternehmens die Aktivitäten des Aktionsbereichs „Marketing/Vertrieb" als Kernprozess mit seinen Aktionsfeldern (Prozessphasen) Segmentierung, Positionierung, Kommunikation, Distribution, Akquisition und Betreuung. Die prozessbezogene Perspektive soll in erster Linie die instrumentelle Perspektive ergänzen und damit die statische Sichtweise der Marketinginstrumente durch die dynamische Sicht der Marketing-Gleichung vervollständigen.

Abb. 4.1 Perspektiven des Marketings

Kritische Würdigung 5

Die Marketing-Gleichung stellt einen prozessorientierten Zusammenhang zwischen den einzelnen Marketing-Aktionsfeldern dar. Sie bietet auf dieser Grundlage einen Bezugs- und Handlungsrahmen für Marketing-Strategie, Marketing-Services und Vertrieb und wurde in zahlreichen Unternehmen der High-Tech- und Dienstleistungsbranche (B2B) erfolgreich angewendet.

Im Gegensatz zum klassischen Marketing-Mix (mit den Instrumenten Produktpolitik, Preispolitik, Distributionspolitik und Kommunikationspolitik), der sich in der deutschsprachigen Literatur weitgehend durchgesetzt hat und in der amerikanischen Marketingliteratur auch als die *vier P's* des Marketings (Product, Price, Place, Promotion) (MCCARTHY 1960) bzw. *vier C's* (Costumer needs, Cost to the customer, Convenience, Communication) (LAUTERBORN 1990) bekannt sind, handelt es sich bei der Marketing-Gleichung um einen dynamischen, prozessorientierten Ansatz, der über ein reines Erklärungsmodell hinaus reicht. Sie stellt quasi die einzelnen Elemente des Marketing-Mix in einen zeitlichen Kontext, fügt mit der Segmentierung und der Betreuung aber noch zwei weitere Aktionsfelder hinzu.

Die synoptische Darstellung in Abb. 5.1 verdeutlicht den Zusammenhang zwischen Marketing-Mix, vier P's, vier C's und der Marketing-Gleichung.

Besonders hinzuweisen ist auf den ganzheitlichen Ansatz der Marketing-Gleichung, indem sie die einzelnen Aktionsfelder in einen zeitlichen und inhaltlichen Wirkungszusammenhang stellt. Die besonders deutlich von Becker herausgearbeitete Trennung von Zielen (*„Philosophie"*), Strategien (*„Struktur"*) und Mix (*„Prozess"*) lässt sich in der Praxis nicht durchhalten. Zu eng sind

© Springer Fachmedien Wiesbaden 2015
D. Lippold, *Einführung in die Marketing-Gleichung,* essentials,
DOI 10.1007/978-3-658-09870-4_5

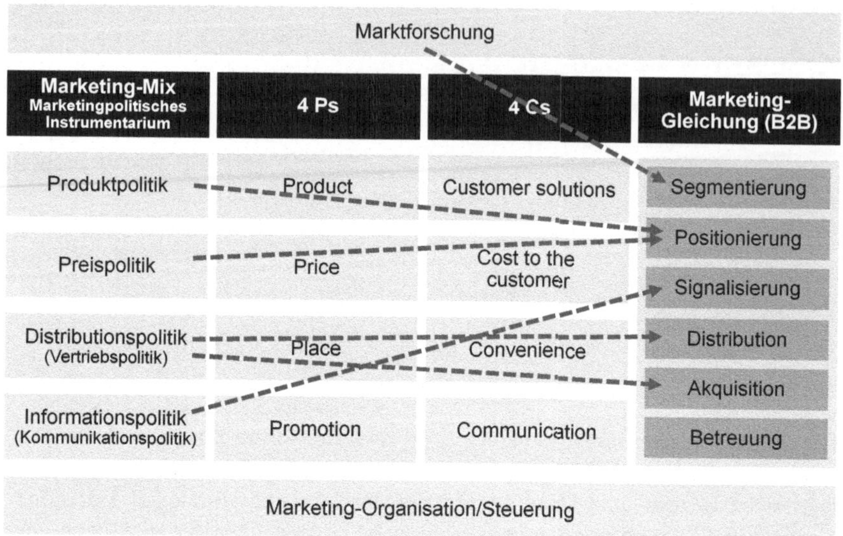

Abb. 5.1 Zusammenhang zwischen Marketing-Mix, 4 Ps, 4Cs und Marketing-Gleichung

die *Verflechtungen* insbesondere *zwischen Strategie- und Prozessebene.* So ist es weder möglich, Strategien und Maßnahmen sauber voneinander zu trennen, da ein und dieselbe Marketing-Entscheidung sowohl strategisch als auch maßnahmenorientiert ausgerichtet sein kann (vgl. Backhaus 1990, S. 206), noch lässt sich eine eindeutige Zuordnung der Instrumentalbereiche (Mix) zur strategisch-strukturellen Ebene bzw. zur taktisch-operativen Ebene vornehmen. Selbst Becker räumt unter Bezugnahme auf Kotler ein, dass „… *der Marketingmix (…) auch als die taktische Komponente der Strategie aufgefasst werden (kann)…*" (Becker 1993, S. 459).

Mit der Marketing-Gleichung wird somit ein praxiserprobter Ansatz vorgestellt, der auf die (mehr theoretische) Trennung von Strategie und Mix verzichtet, gleichwohl aber ein Vorgehensmodell *und* einen Handlungsrahmen für die zielorientierte Maßnahmenplanung und den entsprechenden Mitteleinsatz darstellt.

Auf dem Fundament der Marketing-Gleichung wird die Bereitstellung von Entscheidungshilfen aus der Praxis für die Praxis angestrebt. Dazu werden für jedes **Aktionsfeld** im Marketing die entscheidenden **Aktionsparameter** herausgearbeitet und transparent gemacht, so dass die angestrebte Optimierung des Hauptziels des Marketings, nämlich den *vom Markt honorierten Wettbewerbsvorteil,*

Aktionsfeld	Kundenkriterium („Variable")	Aktionsparameter	Werttreiber
Segmentierung	Kundennutzen→opt.!	• Segmentierungskriterien • Segmentbewertung • Segmentauswahl	Segmentvolumen/-potenzial, Wettbewerbsintensität, Preisniveau, Kapitalbedarf
Positionierung	Kundenvorteil→opt.!	• Produkt • Preis	Markeneffizienz-Index, div. Markenstärke-Treiber, div. Markenportfolio-Treiber, div. Produktrankings
Kommunikation	Kundenwahrnehmung→opt.!	• Kommunikationsinstrumente • Kommunikationsmedien • Kommunikationsbudget	Gross Rating Point (GRP), Klick-Rate, Konversionsrate, Clipping-Rate als Beispiele
Distribution	Kundennähe→opt.!	• Distributionsorgane • Distributionskanäle • Distributionsformen	Lieferserviceniveau, Distributionsgrad
Akquisition	Kundenakzeptanz →opt.!	• Vertriebliche Qualifikation • Akquisitionszyklus • Akquisitionscontrolling	Abschlussquote, Umsatzquote, Neukundenquote, Kundenbesuchsquote, Auftrags(besuchs)quote, Neukundenportfolio
Betreuung	Kundenzufriedenheit→opt.!	• Kundenwert • Kundenbeziehung	Kundenzufriedenheitsindex, Wiederholungskaufrate, Kundenbindungsrate, Kundendurchdringungsrate, Cross-Buying-Rate etc.

Abb. 5.2 Wertreiber, Aktionsparameter und Kundenkriterium je Aktionsfeld

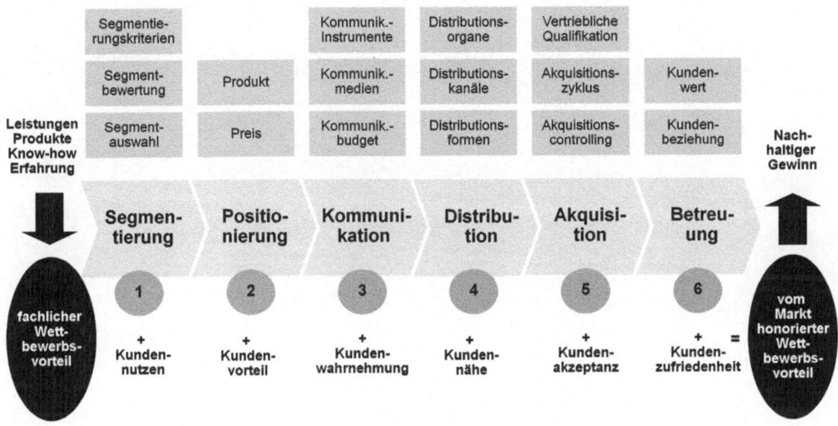

Abb. 5.3 Die Systematik der Marketing-Gleichung

erleichtert wird. Ferner werden für jedes Aktionsfeld die wichtigsten **Werttreiber**, d. h. die wesentlichen beeinflussbaren Hebel für den Unternehmenserfolg, ermittelt und zum Schluss eines jeden Kapitels in einer Übersicht zusammengestellt.

Unter dem besonderen Aspekt der Wertorientierung sind in Abb. 5.2 zu jedem Aktionsfeld das zu optimierende Kundenkriterium, die Aktionsparameter sowie die Wertreiber dargestellt.

Die Kritik an der Marketing-Gleichung macht sich in der Hauptsache an zwei Punkten fest:

- Die Marketing-Gleichung bezieht sich ausschließlich auf den Vermarktungsprozess. Sie nimmt den zeitlich vorgeschalteten Produktentwicklungsprozess als gegeben hin und nimmt nur indirekt (über Rückkopplung) Einfluss auf die *Entwicklung* eines Produktes.
- Die Marketing-Gleichung ist in erster Linie auf die Vermarktung von Produkten und Leistungen im *B2B-Bereich* zugeschnitten. Dies wird an der besonderen Herausstellung des Aktionsfeldes *Akquisition* deutlich. Die Bewährungsprobe im B2C-Bereich steht noch aus.

Abbildung 5.3 fasst die Systematik und den Handlungsrahmen der Marketing-Gleichung zusammen.

Literatur

Alderson W (1957) Marketing behavior and executive action, Homewood (Il.)

Backhaus K (1990) Investitionsgütermarketing, 2., neubearb. Aufl., München

Becker J (1993) Marketing-Konzeption. Grundlagen des strategischen Marketing-Managements, München

Bidlingmaier J (1973) Marketing, Bd 1. Reinbek

Bruhn M (2012) Kundenorientierung. Bausteine für ein exzellentes Customer Relationship Management (CRM), 4. Aufl., DTV, München

Freter H (1983) Marktsegmentierung. Stuttgart

Große-Oetringhaus W (1986) Die Bedeutung des strategischen Marketings für den Vertrieb, Siemens-interne Vortragsvorlage. München

Homburg C, Krohmer H (2009) Marketingmanagement. Strategie – Umsetzung – Unternehmensführung. 3. Aufl., Wiesbaden

Kotler P (1977) Marketing-Management. Analyse, Planung und Kontrolle. Stuttgart

Kotler P, Keller KL, Bliemel F (2007) Marketing-Management. Strategien für wertschafendes Handeln. 12. Aufl., München

Kuß A (2013) Marketing-Theorie. Eine Einführung, 3. Aufl., Wiesbaden

Kühn R, Grünig R (2000) Grundlagen der strategischen Planung: ein integraler Ansatz zur Beurteilung von Strategien, 2. Aufl., Haupt, Bern

Lauterborn R (1990) New marketing litany: four Ps passe: C-words take over. Advert Age 61(41):26

Lippold D (1993) Marketing als kritischer Erfolgsfaktor der Softwareindustrie. In: Arnold U, Eierhoff K (Hrsg) Marketingfocus: Produktmanagement (Festschrift zum 60. Geburtstag von H. Knoblich), Stuttgart, S 223–236

Lippold D (1998) Die Marketing-Gleichung für Software. Der Vermarktungsprozess von erklärungsbedürftigen Produkten und Leistungen am Beispiel von Software, 2., überarbeitete Aufl., M & P Schäffer-Poeschel, Stuttgart

Lippold D (2010) Die Marketing-Gleichung für Unternehmensberatungen, In: Niedereichholz et al (Hrsg) Handbuch der Unternehmensberatung, Bd 2, Berlin S. 7440

© Springer Fachmedien Wiesbaden 2015

D. Lippold, *Einführung in die Marketing-Gleichung,* essentials,

DOI 10.1007/978-3-658-09870-4

Lippold D (2013) Die Unternehmensberatung. Von der strategischen Konzeption zur praktischen Umsetzung, Springer Gabler, Wiesbaden

Lippold D (2014) Die Personalmarketing-Gleichung. Einführung in das wert- und prozessorientierte Personalmanagement, 2. Aufl., De Gruyter Oldenbourg, München

Lippold D (2015a) Theoretische Ansätze in der Marketingwissenschaft, Springer Gabler, Wiesbaden

Lippold D (2015b) Die Marketing-Gleichung. Einführung in das prozess- und wertorientierte Marketingmanagement, 2. Aufl., De Gruyter, Berlin, Boston.

McCarthy J (1960) Basic marketing: a managerial approach

Meffert H (1998) Marketing. Grundlagen marktorientierter Unternehmensführung. Konzepte – Instrumente – Praxisbeispiele, 8. Aufl., Wiesbaden

Meffert H, Burmann C, Kirchgeorg M (2008) Marketing. Grundlagen marktorientierter Unternehmensführung. Konzepte – Instrumente – Praxisbeispiele, 10. Aufl. Wiesbaden

Müller-Stewens G, Lechner C (2001) Strategisches Management. Wie strategische Initiativen zum Wandel führen, Schäffer-Poeschel, Stuttgart

Porter ME (1986) Competition in global industries. A conceptual framework. In: Porter ME (Hrsg) Competition in global industries. Harvard Business School Press, Boston, S 15–60

Reichheld FF, Sasser EW (1990) Zero-defections: quality comes to services. Harv Bus Rev 68(5):105–111

Runia P, Wahl F, Geyer O, Thewißen C (2011) Marketing. Eine prozess- und praxisorientierte Einführung, 3. Aufl., Oldenbourg, München

Schögel M, Pernet N (2008) Das Management mehrerer Vertriebskanäle. Fachbeitrag – Symposion Publishing, S 1–25

Stauss B, Seidel W (2007) Beschwerdemanagement. Unzufriedene Kunden als profitable Zielgruppe, 4. Aufl., München

Stock-Homburg R (2013) Personalmanagement: Theorien – Konzepte – Instrumente, 3. Aufl., Springer Gabler, Wiesbaden

Strothmann K-H, Kliche M (1989) Innovationsmarketing. Markterschließung für Systeme der Bürokommunikation und Fertigungsautomation, Gabler, Wiesbaden

Tüschen N (1989) Unternehmensplanung in Softwarehäusern, Bergisch-Gladbach, Köln

Sachverzeichnis

A
Absatzorgane, 21
Absatzwege, 21
Akquisition, 22
Akquisitionspotenzial, 2
Aktionsfeld, V, 12, 32, 40
Aktionsparameter, V, 40
Alleinstellungsanspruch, 13
Alleinstellungsmerkmal, 12, 14
Arbeitgebermarke, 18
Ausrichtungsdimension, 18

B
B2B-Marketing, 32
B2C-Marketing, 32
Betreuung, 25

C
4 C's, 32
Channel Policy, 19

D
Differenzierungsmöglichkeiten, 14
Distribution, 19
Distributionsformen, 19, 21
Distributionskanäle, 19

Distributionsorgane, 19
Distributionssystem, 21

E
Employer Branding, 18
Erfolgsfaktoren, 13

F
Folgegeschäft, 24, 25

G
Geschäftsfeldplanung, 9
Gestaltungsdimension, 18

I
Instrumentedimension, 18

K
Kernprozesse, 1
Kommunikation, 16
Kommunikationsbegriff, 17
Kommunikationskonzept, 18
Kommunikationsmodell, 17
Kommunikationsprozess, 17
Kostenvorteil, 13

© Springer Fachmedien Wiesbaden 2015
D. Lippold, *Einführung in die Marketing-Gleichung*, essentials,
DOI 10.1007/978-3-658-09870-4